Publicado por Kass Thomas - WWW.KASSTHOMAS.COM
Impreso en España.

ACCESS
CONSCIOUSNESS®
PUBLISHING

PREFACIO

Nací y crecí en los Estados Unidos, en el pueblo histórico de Roxbury, Massachusetts. Ubicado a 10 minutos del centro de Boston, Roxbury es un crisol de abundantes colores, idiomas y sabores de todo el mundo.

Viví ahí hasta los 18 y me mudé para asistir a la Universidad en la ciudad de Nueva York, un crisol aún mayor. Con la excepción de un año en París y muchos viajes durante ese tiempo, la ciudad de Nueva York fue mi hogar por 15 años. Después me mudé a Roma por amor.

Con el paso de los años, he conocido todo tipo de gente, de todo tipo de condición social, raza, color, credo, religión y persuasión política. Sin importar de donde provenga una persona ni el idioma que hable o su situación particular, hay algo que continúa siendo ampliamente claro para mí:

Es mucho más lo que nos une que lo que nos separa. Cuando verdaderamente estamos siendo nosotros mismos, la capacidad para comunicar con facilidad y establecer una conexión verdadera con todos y todo en el planeta viene naturalmente a nosotros.

Literalmente, este libro me despertó una noche y me dijo: "Escríbeme, por favor. Es hora de compartir con los demás lo que sabes sobre la comunicación. Muestra cuán fácil puede ser la comunicación impecable, una vez que te pones en contacto con la verdad de ti".

Así que aquí está mi pequeño libro sobre la comunicación impecable. Es breve, es simple y va paso a paso. Hay incluso un espacio dedicado a experimentar con los pasos y sugerencias acerca de cómo usar cada uno en *tu* vida. Usa la sección de "logros" al final de cada paso para registrar tus éxitos. Escríbelos y después compártelos. Muéstrale a los demás lo fácil que es conectarse.

La verdadera conexión empieza contigo, querido(a). Diviértete descubriendo al gurú de la comunicación impecable que verdaderamente eres.

Con amor,
Kass

Estaba previsto que este libro se imprimiera en la semana de los bombardeos de represalia en París, Francia.

Estos actos de violencia y aquellos que los sucedieron son una llamada de atención para todos nosotros.

La guerra no es la respuesta, la violencia no es la respuesta. Nosotros somos la respuesta y he aquí la pregunta:
¿Qué pequeño acto de gentileza puede cada uno de nosotros hacer cada día que promoverá una cultura de paz?

Sé gentil contigo, con tu cuerpo y las cosas y la gente en torno tuyo. Tus pequeños actos de gentileza de cada día tendrán un efecto multiplicador.

Puedes contribuir y contribuirás de hecho a una vibración de paz y a crear una posibilidad diferente aquí en el planeta Tierra.

Gracias por anticipado.

Kass Thomas
París, Francia
Noviembre de 2015

Es mucho más lo que nos une que lo que nos separa

Índice

FASE I
CONECTARSE

A menudo, conozco a gente que busca información sobre cómo relacionarse con los demás con más facilidad, cómo ser mejores compañeros, empleados o simplemente cómo hallar más felicidad. No obstante, ellos mismos están extrañamente ausentes en sus propias vidas.

Están desaparecidos en combate [1], completamente desconectados.

Desde luego que cualquiera puede distraerse temporalmente o estar momentáneamente en una nebulosa al soñar despierto o algo más. Pero la mayoría de la gente pasa 900% de su tiempo (¡es correcto, 900!) en otra parte distinta al presente y ciertamente no están conectados con ellos mismos o sus cuerpos.

Por lo tanto, la primera cosa que recomiendo a cualquiera, antes de conectarse con alguien más, es verificar que estás conectado *contigo.*

¡Estos dos primeros pasos te ayudarán a conectarte contigo!

---

1   MIA, Missing in action en inglés

Paso 1

¡Muéstrame la magia!

Paso 1: ¡Muéstrame la magia!

Había estado acechando esta cuestión de estar presente durante años, tratando de entenderla, dominarla, experimentarla, definirla, evaluar si realmente lo estaba haciendo o no.

Finalmente, un verano decidí hacerme cargo de esta situación. Tomé un mes de vacaciones, conseguí una pequeña habitación cerca de la playa, una vieja bicicleta y decidí que iba a aprender cómo simplemente ESTAR PRESENTE.

Todas las mañanas, al amanecer, andaba en mi bicicleta decrépita y destartalada por las calles de Oak Bluffs hacia la playa, en el Ink Well, en donde me encontraba con "Los osos polares", un grupo de adultos mayores que nadaban ahí todas las mañanas. Nadaba con ellos en el océano al alba, en comunión con los peces al amanecer. Era hermoso.

Cuando los osos polares se marchaban, me dedicaba al asunto de ESTAR PRESENTE. Estos "ejercicios de estar presente" comenzaban con leer diferentes libros para hallar el mantra correcto para ese día de la semana, la forma correcta de acomodar los cristales para esa fase lunar y la mejor dirección a la cual orientarme para meditar efectivamente en aquella latitud en particular.

Seguí esta rutina por semanas y, cuando finalmente volví a Nueva York y examiné mi viaje, me di cuenta de que los momentos en los que verdaderamente había estado presente conmigo y en comunión con todas las cosas era cuando estaba andando en bicicleta hacia el mar todas las mañanas, cantando con los pájaros, nadando con los peces y riéndome con los osos polares.

Pasé todo el verano buscándome y ahí justo

estaba yo. ¡Todo ese tiempo buscando la magia y justo ahí estaba conmigo!

¿Qué es lo que haces que te pone en contacto CONTIGO?

TAREA para el Paso 1
Encuentra la magia

Una vez al día, durante la siguiente semana:
Mientras ejecutes una actividad rutinaria, toma unos momentos para preguntarte:
¿Qué magia puedo hallar en este momento?

Tal vez sea mientras lavas los trastes, cepillas tus dientes, te vistes o podes el césped.

Pregunta:
"¿Estoy siendo yo ahora mismo?"

"¿Se requiere que haga algo? (¿Se requiere algo de mí en este momento?)

LOGROS para el Paso 1
Muéstrame la magia

Encontré la magia en las siguientes situaciones "cotidianas"...

EJEMPLO:

a. mientras tendía ropa húmeda, advertí que el sol creaba un arcoíris en un charco.

b. hoy caminé a tono con las gotas de la lluvia, como una danza.

Hoy hallé magia mientras...

Día 1: Hoy mientras....

Día 2:

Día 3:

Día 4:

Día 5:

Día 6:

Día 7:

Paso 2

Háblale a tu cuerpo

Paso 2: Háblale a tu cuerpo

Tu cuerpo está hablando, ¿estás escuchando?
Tu cuerpo tiene muchas formas diferentes de comunicarse contigo. ¿Cuál es el idioma que habla tu cuerpo?

Tu cuerpo es tu amigo y, si estás dispuesto a *escuchar*, te dará mucha información y te ayudará con tu comunicación impecable.

Puedes pasar horas contemplando la cosa correcta que deberías decir, qué hacer *o* podrías *simplemente* preguntarle a tu cuerpo y obtener la respuesta *rápida* y *fácilmente*. ¿Suena bien? Sí, lo sé.

Una vez que domines escuchar a tu cuerpo, crearás más posibilidades, aumentarás tus flujos de dinero, te divertirás con otras personas e incluso evitarás enfermedades innecesarias.

Ganar-ganar.

Empecé este diálogo con mi cuerpo hace años. Fue así: Hacía tres preguntas que tenían respuestas de "sí" o "no". Eran ya sea verdaderas o falsas. Un ejemplo sería sostener una taza en mi mano y decir: esto es una cuchara, esto es un cuchillo, esto es una taza y escuchaba en cada ocasión.

Escuchaba energéticamente para notar si había algún movimiento, algún cambio, cualquier cosa que indicara una diferencia entre lo que era verdadero y lo que era falso.

Lo que advertí fue que la verdad me hacía sentir más ligera y que lo que era falso me hacía sentir más pesada.

Inténtalo. ¡Puede cambiar tu vida para siempre y hacerlo muy fácil!

La sensación de ligero o pesado es diferente

para cada quien.

Algunas veces quizá no obtengas un "sí" o "no" claros, especialmente cuando estás haciendo preguntas que involucran a alguien más o grandes decisiones que son importantes para ti.

Eso usualmente quiere decir que te falta alguna información o que necesitas hacer una pregunta diferente.

TAREA para el Paso 2
Escucha a tu cuerpo

Toma 5 minutos todos los días de esta semana para jugar: **¿Es ligero o es pesado?**

¿Cómo funciona?
Di 3 enunciados. Uno verdadero y dos falsos. Después ¡escucha! ¿Dónde sientes la verdad en tu cuerpo?

Paso 1. Relájate;

Paso 2. Sostén un lápiz en tu mano;

Paso 3. Di: "Tengo un lápiz en mi mano";

Paso 4. Escucha (ve si sientes un "sí"; es decir, alguna ligereza o expansión);

Paso 5. Después di: "Tengo una taza de té en mi mano";

Paso 6. Escucha (¿algún "no"? ¿Se siente pesado?);

Paso 7. Después di: "Tengo una lámpara en mi mano";

Paso 8. "Escucha".

LOGROS Paso 2
Háblale a tu cuerpo

¡Practica esto! Mantén un registro de lo que se presente cuando hablas la verdad y cuando dices algo que no es verdad. ¿Dónde lo sientes en tu cuerpo?

Con la verdad siento...
Ejemplo: mareado, algo que se abre en mi pecho...

Con una mentira siento...

FASE II
DESCONECTÁNDOSE

Es importante tener una manera fácil y rápida de **desconectarse** de una postura defensiva, que nos separe de todos y de todo, ¡incluyendo a nosotros mismos!"

Las mentiras, invenciones y falsos positivos que alimenta la mente en nosotros diariamente nos distraen, dificultando que recordemos quiénes somos realmente y lo que es real y verdadero para nosotros.

Encontramos nuevas personas o una situación nueva y tendemos a mantenerlas a distancia. Erigimos muros, nos ocultamos detrás de máscaras y cubrimos a nuestros seres verdaderos con un velo, con el fin de mantener una distancia segura.

Esta distancia asegura una falta de conexión con los demás que tarde o temprano lleva al aburrimiento, a una sensación de tristeza profunda, desaliento o depresión.

Los dos siguientes pasos te ayudarán a *desconectarte* rápida y fácilmente de quien *no* eres. Pueden aliviar el estrés, reducir la ansiedad e invitar a que se disipen esas tensiones que cargas constantemente en tu cuerpo.

Los ejercicios en la sección de tarea también te ayudarán a aquietar la mente.

En breve, estos pasos son realmente geniales.

¿Listo? O.K., allá vamos...

Paso 3

Barreras abajo

Paso 3: Barreras abajo

Ejercicio de empujar las barreras abajo.

Empieza con tus manos arriba de tu cabeza, con las palmas hacia abajo, y comienza a empujar lentamente tus palmas hacia el piso. Lentamente.

¡¡¡¡MÁS LENTO!!!!

¿Puedes sentir la parte superior de las barreras? Si no, está bien, funciona de todos modos. A medida que empujes tus palmas hacia abajo lentamente en dirección al piso, las barreras también se vienen abajo, es como magia.

Sin embargo, si quieres jugar *percibiendo* cómo se sienten estas barreras y dónde están exactamente, simplemente nota a qué altura tus manos empiezan a resistir o dudar mientras se mueven hacia abajo lentamente hacia el piso. Es sutil, pero es casi como si pudieras sentir dónde empiezan y terminan las barreras. Mueve tus manos suavemente un poco hacia arriba y hacia abajo, como si estuvieras jugando con una pelota de esponja, sólo que estás jugando con la parte superior de estas barreras.

Con cada centímetro o pulgada que ganes, conforme bajen tus manos lentamente hacia el piso, si *escuchas*, también puedes percibir cómo se disipan las tensiones del área de tu cuerpo en la que pasan tus manos.

Intentemos otra vez desde la parte superior. En esta ocasión, cuando tus manos pasen por tu frente, siente cómo la ceja erizada se relaja, percibe cómo se relajan las líneas hacia tus sienes cuando te alejas de la frente. Si la tensión no se va automáticamente cuando las manos pasen esa parte de tu cuerpo, invita la tensión a disiparse al repetir en voz alta o bajo tu respiración "barreras abajo, barreras abajo, barreras abajo". Recuerda que esto es una invitación, *no* un comando ni una orden. Dulce voz. Dulce charla. Dulce desconexión. Incluso puedes pedir por favor.

A veces me detengo a la mitad, puesto que sé que alcanzo un lugar donde la tensión, las barreras, esos muros no se mueven. Tomo una respiración profunda, sonrío, les hablo dulcemente a las barreras y las invito a bajar un poquito más, más allá de su zona de confort.

Cuando hago este ejercicio, usualmente intento otra vez cinco minutos después. Noto la segunda vez que las barreras han bajado aún más, ellas solas.

¡Inténtalo! Trabaja con las barreras, negocia. Es uno de los ejercicios más gratificantes que puedas hacer para tu cabeza, tu corazón, tu cuerpo, oh sí, y tu vida.

TAREA para el Paso 3
Empuja las barreras hacia abajo

La semana siguiente, una vez al día, elige empujar tus barreras hacia abajo.

Puede ser en una situación con alguien que sabes que detona tus botones o con un total desconocido: usualmente padres, hijos, colegas y exesposos y exesposas.

Bono: Úsalo en público, cuando normalmente entrarías en reacción o defensa (tráfico, vendedores groseros). En vez de reaccionar, empuja tus barreras hacia abajo. ¡Inténtalo!

Cosas que recordar:
1. respiración;
2. no fuerces, invita;
3. siente cómo se disipa la tensión de tu cuerpo
4. Inténtalo otra vez, 5 minutos después, ve qué cambia.

LOGROS para el Paso 3
Barreras abajo

Hoy bajé mis barreras en las situaciones siguientes:

1.

2.

3.

Cuando bajé mis barreras, noté...

Ejemplo: (una diferencia en mi cuerpo, su cuerpo; me sonrieron por primera vez, o "Vi, oí, sentí"; Finalmente pude tener una conversación con ellos sin...)

1.

2.

3.

Paso 4

Ve más allá del velo

Paso 4: Ve más allá del velo

Hay un velo invisible que muchos de nosotros usamos para mantener una distancia de los demás. La gente no nos ve a *nosotros*, sino al velo detrás del cual nos ocultamos como si la separación fuera realmente *posible*. No lo es. Para construir una realidad en la que creamos que la separación es posible, tenemos que hacer muchísima contracción en nuestros cuerpos y nuestras mentes. Es agotador y ciertamente no nos ayuda en nuestro propósito de comunicación impecable. De hecho, conduce a una comunicación *fallida*, soledad, *mal*estar y a menudo depresión.

El único lugar en el que el velo logra construir la separación es en nuestras mentes, donde crean una distancia entre quienes somos realmente y las máscaras que usamos, los velos detrás de los cuales nos ocultamos.

Así es como funciona: estas versiones enmascaradas de nosotros se vuelven lentamente quienes creemos que somos. Entonces, un buen día empezamos a sospechar que algo falta y entonces descubrimos que eso que hace falta es *nosotros* mismos. Nos atrevemos a echar un vistazo, del rabillo de nuestros ojos, para ver si podemos capturar un destello de nosotros, pero no tenemos idea de a dónde mirar más allá de ese lugar, ni de cómo encontrarnos, porque el único *nosotros* que conocemos permanece bien escondido, detrás de la máscara, más allá del velo.

Muchas culturas y clases mantienen el velo para preservar un porte o postura: la buena esposa, el buen marido, la fuente confiable. Estas etiquetas nos encuentran a menudo viviendo vidas que no tienen nada que ver con quienes realmente somos o lo que es realmente importante para nosotros.

Cuando eres capaz de desconectar el velo, salir de por detrás de la máscara y encontrar el tú real, tienes más elección. Sólo entonces puedes reconectar con tu verdadera naturaleza y tener mayor conexión contigo y con todos los demás. Adiós al muerto viviente. Se acaba la espera para que te llamen a ejecutar tu número.

Empiezas a vivir activamente tu vida y a hacer elecciones que crean más para ti y todos en torno tuyo. Estar vivo en tu propia vida se siente estupendo. Te sientes estupendo e invitas a otros a estar vivos en sus vidas también.

¡Síiiii! ¡Que empiece la diversión!

TAREA para el paso 4
Ve más allá del velo

Dos veces al día, toma un momento y simplemente cuenta hasta 10. Haz esto cuando te despiertes y justo antes de ir a dormir. Así es como funciona:

1. Cierra los ojos
2. Pon una mano en tu corazón y la otra en tu estómago o plexo solar (cualquiera de las manos que vaya a la posición de manera natural).
3. Siéntate y siente tus pies en el piso (si tienes que estar de pie, está bien también)
4. Cuenta a diez, número a número.
5. No olvides respirar

Somos muy buenos para estar ocupados, haciendo, pensando, calculando. Para un momento y siente tu propia vibración. ¿Cómo se siente el latido de tu corazón?

Nota: Haz esto sin límite de tiempo. Tú eliges.

LOGROS para el Paso 4
Ve más allá del velo

Hoy, después de contar hasta 10, fui capaz de….
Ejemplo: oír diferentes notas musicales, sentir la brisa en mis mejillas, oler el café antes de que estuviera listo…
1.
2.
3.

Hoy fui más allá del velo cuando…
1.
2.
3.

Me sentí…
Ejemplo: vulnerable, empoderado,
1.
2.
3.

FASE III
RECONECTARSE

Una vez que sabemos quiénes somos, conectarnos con lo que es verdadero para nosotros y desconectarnos de lo que no es verdadero para nosotros, empezamos a divertirnos más y a disfrutar a todos y a todo a nuestro alrededor de una nueva manera. Nuestra disposición a buscar una realidad diferente, más allá del ambiente controlado de la mente es contagioso y crece diariamente. **Reconectarse** con nuestra capacidad natural para estar en comunión con los animales, las plantas, las hadas y la gente que habita este hermoso planeta se vuelve fácil.

En los siguientes dos pasos, vincularás tu capacidad de comunicar con las moléculas y también aprenderás cómo expandir rápidamente tu zona. Conforme expandas tu zona y accedas a más espacio, experimentarás un nivel de comunicación totalmente diferente.

También puedes usar estos pasos para conectar mejor con tus amigos invisibles y peludos. Diviértete siendo y recibiendo contribución en todas partes y de todas las formas.

Paso 5

Vincula al Universo

Paso 5: Vincula al Universo

Normalmente, cuando experimentas dificultades en la comunicación con alguien, es porque están bloqueando el flujo de energía de alguna forma o simplemente no están presentes.

He aquí cómo puedes hacer que fluya la energía e invitarlos a estar presentes contigo. Esta herramienta de *Access Consciousness*® es realmente divertida y funciona como un amuleto en todas las áreas de tu vida: trabajo, sexo, relaciones, negocios, etc.

Así es como funciona:
Cuando encuentres a los **Succionadores de energía: esas personas** que siempre están succionándote energía, en vez de resistir o sucumbir y permitir que te agoten o succionen vida de ti, simplemente haz fluir energía hacia

ellos. Es correcto, no resistas, sigue la energía. Contribuye a sus esfuerzos. Sigue el flujo. ¡Deja que succionen!

¿Significa que les permitirás succionarte como drenajes hasta secarte? ¡De ningún modo! Lo que sugiero es que no sólo dejes de resistir, sino que también les ayudes haciendo fluir energía hacia ellos. ¡¡¿Que qué??!! Es correcto.

¿Cómo funciona?

Cuando haces fluir energía hacia ellos, no solamente estás haciendo fluir energía de *ti* y *tu* cuerpo, oh no. Estás jalando esa energía de por *detrás* de ti, permitiéndole al Universo que te contribuya y te dé fuerza. Ahora, toma esa energía deliciosa que está fluyendo del Universo a través de ti y permite que fluya hacia *ellos*, después *a través de* ellos y finalmente de vuelta hacia el Universo. ¡El Universo te respalda a ti y a ellos también!

Sin tanta resistencia de tu parte, pueden relajar la intensidad de su succión. Cuando lo hagan, lo sentirás en tu cuerpo y ya no te sentirás exhausto. Una vez que relajan su succión, comienza a jalar energía en la dirección opuesta, por detrás de *ellos*, a través de *ellos* y hacia ti. Después de un rato, puedes abrir el flujo en ambas direcciones al mismo tiempo. Esto crea una simultaneidad en hacer fluir y jalar energía.

Se sienten mejor y se vuelven más presentes. Te sientes mejor y el Universo entra en el juego también. Esto permite que la comunicación entre ustedes sea más fácil. Ganar-ganar.

Si, en vez de ello, encuentras a alguien con sus barreras arriba, empiezas primero *jalándoles* energía de por detrás de *ellos*, (¡involucra al

Universo!), *a través* de ellos, hacia ti y a través de ti. Una vez más, se van a relajar y cuando lo hagan, puedes jalar energía detrás de *ti*, a través de *ti*, hacia y a través de ellos. Es fácil. Simplemente jala tan *fuertemente* como puedas, como cuando *realmente* quieres obtener la atención de alguien o cuando *deseas* que alguien te vea. Jala con *toda* tu potencia, con todos los poros de tu ser. Jala y haz fluir energía y observa cómo el Universo te asiste.

TAREA para el Paso 5
Creando flujos de energía

Durante la siguiente semana, vincula al Universo por lo menos una vez al día para crear un flujo de energía.

Primero, identifica dónde se siente atorada la energía con una persona o una situación.

Después pregunta: ¿Qué haría que la energía fluyera aquí?

Entonces pregunta:
¿Necesito hacer fluir energía? Y escucha a tu cuerpo. ¿Es ligero? Entonces, vincula al Universo para jalar energía detrás de ti (hacer fluir).

¿Es pesado? Entonces, vincula al Universo para jalar energía de por detrás de ti (hacer fluir).

LOGROS para el Paso
Vincula al Universo

Hoy vinculé al Universo y jugué creando flujos energéticos cuando...

Ejemplo: mi jefa estaba gritándome y jalé energía detrás de ella hacia mí, bajé mis barreras y permití que me atravesara. Otros ejemplos:

1.

2.

3.

¿Cómo es que fue distinto?

Fue diferente porque usualmente yo...

1.

2.

3.

Paso 6

Expande tu zona
o
Conectándote con tus AMIGOS INVISIBLES y PELUDOS

Paso 6: Conectándote con tus AMIGOS INVISIBLES y PELUDOS

Observar e involucrarse con animales es tal vez la forma más fácil de aprehender la magia y simplicidad de la comunicación impecable.

Las criaturas de dos patas como nosotros tendemos a complicar la comunicación, negar nuestros sentimientos, ignorar las señales, posponer nuestras necesidades y usar después palabras para confundir y limitar lo que es posible.

Los animales, por lo contrario, son bastante claros: primero la seguridad; entonces, si no hay peligro inmediato, cazan o juegan o comen o copulan… y después descansan. Fácil.

En vez de usar nuestros cerebros para crear más elecciones, hemos construido una sociedad con muchísimas reglas y normas para camuflar lo esencial. Por lo tanto, ya ni siquiera sabemos cuándo es hora de cazar, comer, correr u ocultarnos. Esto invoca a todo tipo de confusión y crea ansiedad, estrés y miedo, dificultando y a veces imposibilitando relacionarse con los demás, aun en un nivel muy básico.

Sé consciente de ello y expande tu zona, ve más allá de la matriz, la realidad construida, y alivia las presiones diarias que te mantienen separado y presa del miedo.

¿Cómo funciona?

Lleva tu atención a cualquier área en tu cuerpo donde sientas alguna sensación incómoda. Esta sensación tal vez aparezca como contracción, dolor o un simple sentimiento. Empieza inhalando espacio hacia el centro de esa sensación. Así es. Como si introdujeras un globo y lo inflaras lentamente. Continúa inhalando espacio hacia dentro del globo y expande lentamente el centro de esa área. Expándelo más allá de tu cuerpo, de la habitación donde te encuentres, del edificio y de la ciudad. Continúa hasta que tengas un sentido de espacio y esa sensación original se disipe.

Esta es una forma fácil y rápida de crear más espacio en torno tuyo y tener una mayor sensación de paz en tu mente, corazón, ambiente y vida. La puedes usar en cualquier lugar, en todo momento. También puedes tomarte tiempo con ello, permitiéndole a tu cuerpo que realmente languidezca en la sensación de espacio a la cual invita este paso.

Nuestros cuerpos están llenos de espacio. Usa este paso para expandir tu zona e invitar a tu cuerpo el espacio para conectar con el espacio que está a tu alrededor.

TAREA para el Paso 6
Expande los muros de tu zona

Una vez al día, durante la semana siguiente, toma un momento para expandir los muros de tu zona.
Es así:
Lleva tu atención al área de tu plexo solar (por debajo de tu pecho y por encima de tu estómago).

Pon tus manos frente a ti, con una palma sobre la otra, a la altura de tu plexo solar.

Imagina que tus manos están dentro de una caja muy bien cerrada.
Empieza a separar tus manos lentamente y, a medida que lo hagas, imagina que están empujando hacia afuera los lados de una caja muy ajustada que alberga a tu plexo solar.
Continúa expandiendo el espacio dentro de esa caja: a la izquierda, a la derecha, por encima, debajo, enfrente de y detrás de ti. Expande el área de la caja y, conforme lo hagas, expande la zona de tu plexo solar, separando lentamente tus palmas hasta que tus brazos se extiendan completamente y la caja sea un pedazo plano de cartón. Continúa entonces, ve más allá de las paredes de la habitación donde estés, más allá de los límites de la ciudad y hasta el cielo y hacia la Tierra y en toda dirección.

Recuerda respirar.

LOGROS para el Paso 6
Expande tu zona

Puedes relajar la tensión en tu cuerpo, en el cuerpo de un animal o en una habitación al usar este ejercicio de "expande la zona".

Hoy expandí la zona y traje facilidad a...
Ejemplo: un calambre en mi pierna, una discusión con mi hermana, un gato asustado o un cajero enojado en el banco...

1.

2.

3.

4.

FASE IV
ESTABLECIENDO UNA
CONEXIÓN VERDADERA

Acerca de establecer una conexión verdadera...

Cada molécula en el Universo está en comunicación continua con todas las demás moléculas del Universo.

Cuando estamos dispuestos a ver la **magia**, escuchar a nuestros **cuerpos**, bajar nuestras **barreras**, **ir más allá** de la separación inventada de la mente, **vincular** al Universo y **expandir** nuestra zona para **incluir** a todos y a todo, entonces, **establecer una conexión verdadera** con todas y cada una de las moléculas del Universo es fácil.

Somos uno de los grandiosos tesoros del Universo, como lo es nuestro hermoso planeta y todo y todos en él.

Una vez que has atravesado los 7 pasos, empiezas a reconocer que no hay "otro" y que la comunión con todo y todos realmente existe. Es desde *ese* espacio que toda comunicación es impecable.

Este paso final te ayudará a reconectar el gozo continuo de estar vivo y te recordará que siempre puedes establecer una **conexión verdadera** al conectar con la Tierra.

Tenemos acceso a algo más allá de nuestra forma física, algo que nos apoya en todo lo que hacemos y nos conecta con todo lo que somos.

Es muchísimo más lo que nos une que lo que nos separa.

¡Disfruta tu vida y celebra tu conexión verdadera con todo lo que hay!

Paso 7

Conecta con la Tierra

Paso 7: Conecta con la Tierra

La Tierra es un lugar maravilloso e increíblemente mágico. Provee alimento, nutrimento, abrigo, entretenimiento, calor, curiosidad, misterio, milagros y más. La Tierra es una intrincada fuente de asombro sin fin. ¿Qué podemos aprender de su gracia?

Hay tanta gentil potencia disponible para nosotros cuando estamos dispuestos a acceder a los vastos recursos que provee la Tierra.

Muchas personas tienen tantos puntos de vista acerca de lo que la Tierra necesita, de lo que no necesita y de cuál es la mejor manera de cuidar el planeta. Creo que, si nos cuidamos a *nosotros mismos*, entonces cuidamos también a la Tierra.

Reconocer la **Magia** en las expresiones cotidianas de la Tierra es un regalo. El amanecer, las puestas de sol, el alba... De verdad, ¿alguna vez has visto algo tan simple y al mismo tiempo tan hermoso? Ni siquiera tienes que verlo, tan sólo hablar de ello, leer al respecto y saber que se aproxima ya es muy excitante.

Pedir por claridad acerca de lo que es correcto y ligero para nosotros y escuchar a nuestro **Cuerpo** es una forma de reconocer a la Tierra, al Universo.

Bajar nuestras barreras nos permite regalar a la Tierra y recibir de la Tierra con mayor facilidad.

Ir más allá de lo superficial, caminar en la naturaleza, conectarse con los árboles, su vibración, nos pone en contacto con nuestra propia vibración y con la de la Tierra.

Crear un flujo donde hay estancamiento y **expandir** la energía cuando está contraída regenera y transpira vida hacia ti y hacia la Tierra.

Expande la zona de esos animales, árboles, plantas y gente que camina en la Tierra tensa, densa y aterrorizada. Expándelos para que ellos puedan también recibir y ser la contribución.

Ten en cuenta que la Tierra te necesita y que tú necesitas a la Tierra y que eres una parte vital de cualquier futuro sostenible aquí. Estar dispuesto a conectarte con la Tierra invitará a tu vida gracia, paz y gozo, y las flores abrirán sus pétalos sólo para ti, como una manera de darte las gracias.

Esta es tu comunicación impecable.

Eres la gota de agua y eres el océano. Sé la fuente en tu propia vida y todo se conectará y te regalará con facilidad.

TAREA para el Paso 7
Jala la energía de la Tierra a través de tu cuerpo

Pon tus pies en el suelo, cierra tus ojos y lleva tu atención al centro de la Tierra, al núcleo.

Capta la intensidad del núcleo de la Tierra e imagina dos hilos ascendiendo del centro de la Tierra, rompiendo la superficie.

Jálalos hacia las plantas de tus pies.

Estos dos hilos, conectados al centro de la Tierra entran en tus pies, **pasan tus tobillos y viajan hacia tus piernas,** uniéndose en tu área abdominal, a medida que continúan subiendo a tu corazón, tu cuello y hasta la parte superior de tu cabeza.

Imagina este hilo que empieza del centro de la Tierra y se conecta con cada estrella y cada espacio entre todas las estrellas del Universo, a través de ti.

LOGROS para el Paso 7
Conéctate con la Tierra

Cada día, por lo menos una vez, conéctate con la Tierra. Cada vez que te conectes, nota cuán más fácil se vuelve, cuán rápidamente lo logras y las diferentes maneras en que la Tierra te informa que estás conectado.

Hoy me detuve a tener una conversación con...
Ejemplos: una persona con la que generalmente nunca hablo, un árbol, mis plantas, un gato...

Hoy sentí la presencia de la Tierra mientras me comunicaba con...
Ejemplos: mi cuerpo, mi perro, mi mamá...

UNA NOTA PERSONAL

¿Qué sigue?

Estos 7 pasos para la comunicación impecable pueden usarse uno a uno o todos juntos.

Algunas veces, sólo un paso, otras, una combinación de pasos, y en otras ocasiones, sólo pensar en los pasos cambiará la situación.

La clave es usarlos y reconocer cuán fácilmente pueden transformar lo que te sucede en cualquier momento. Puedes usarlos para transformar una situación en algo que te funcione mejor y que cree más posibilidades. Una vez que hayas jugado con cada uno de estos pasos, te familiarizarás con la vibración que crean e instintivamente sabrás qué paso usar para crear el cambio que estés buscando.

Disfruta estos pasos y diviértete explorando la facilidad de la comunicación impecable con todos y todo a tu alrededor.

P.D.

Si disfrutaste este libro y te gustaría jugar más con estos pasos, o saber más acerca de mis talleres en general, puedes encontrarme en WWW.KASSTHOMAS.COM, WWW.7STEPS.US *o en* ACCESSCONSCIOUSNESS.COM/KASSTHOMAS

Estoy disponible en línea para sesiones privadas, entrenamiento grupal o tan sólo para decir hola.

Si te gustaría saber más acerca de Access Consciousness[®]*, visita:* ACCESSCONSCIOUSNESS.COM

También viajo por el mundo ofreciendo talleres y seminarios, así que tal vez nos conozcamos en persona en algún lugar, algún día.

Es muchísimo más lo que nos conecta que lo que nos separa.

Así que, búscame y conectémonos.

¡Es fácil!